Ramona Roßbach

Stadt-
spaziergänge

Gedichte

Bibliographische Information der Deutschen Nationalbibliothek:
Die Deutsche Nationalbibliothek verzeichnet diese Publikation in der
Deutschen Nationalbibliographie; detaillierte bibliographische Daten sind im
Internet über http://dnb.dnb.de abrufbar.

© 2020 Ramona Roßbach
Herstellung und Verlag:
BoD – Books on Demand, Norderstedt

ISBN: 978-3-752-89768-5

Inhalt

Prolog

Ich lese gerne Städte
gleich Wimmelbildern aus Kindertagen,
entdeckungsfreudig, mit tausend Fragen,
die ich ohn' sie nicht hätte.

Wer wohnt wohl hinter den Fassaden?
Was wurde früher hier erlebt?
Mit welch' Gedanken ist beladen
all das, was sich zur Stadt verwebt?

Wer träumte was in welchen Zeiten?
Was ward erbaut durch wessen Hand?
Und was kann in die Zukunft leiten
von dem, was bisher hier entstand?

Entdeckend manch' Facette
dank meiner Blicke gründlicher Suche
les' ich so gerne Städte
gleich einem Bilderbuche.

Unterwegs in der Stadt

Anonym

Grauer Bahnsteig,
Menschenmassen
nach der Arbeit,
grau in grau.
Menschen stapfen stumpfe Stufen
jeden Tag hinab, hinauf.
Menschenmassen,
anonym,
Menschenmassen,
grau und kühl,
und in jedem: bunter Funke,
leuchtend, in dem Leben glüht.

Fensterwolken

Wolken,
in Fensterscheiben hängend,
mich grüßend
aus jeder Fläche Glas
am sonst so schlichten
Bürogebäude.
Himmel,
wenn du hinsiehst,
von überall leuchtend.

Stadt-Meditation

Meditativ durch Farben gleiten
bunter Häuser schöner Stadt,
gelassen meine Seele weiten
für alles, was sie heute hat:

Menschentrubel, Wasserschnellen,
fröhlich' Jubel, ruhige Stellen,
Hinterhofes Grau-Tristesse,
Fabrikgeländes alte Esse,

Kultur in neuem Glanz erstrahlend,
Geselligkeit im Marktcafé,
Beschaulichkeit im Park, am See,
damit ein Bild vom Ganzen malend,

durch das ich schlendre, lauf und geh
und mich verändre, Schritt für Schritt:
Mein Geist wird ruhig, ich treibe mit
durch Formen, Farben, Lebensweisen,
ausgeglichen, lächelnd, reisend.

Bankenviertel

Hier sitzt das Geld
nicht locker, sondern fest
in grauen Tempeln der Gewinnmaximierung,

wo hinter glatten Häuserfronten
gebildetes Kapital
sich etwas einbilden mag.

Ganz oben
auf dem Dach der Perfektion
uniformer Linien

wächst krumm ein Baum.
Dem ist das egal.
Rosafarben blüht er.

Stadtromanze

im Blau des klaren Wassers
vor dem Brückenbogen aus Stein:
Spiegelungen von Licht,
tanzend voller Leichtigkeit,
darin ein geheimnisvoller Schimmer
von Violett,
der funkelnde Widerschein
eines über die Brücke fahrenden Müllautos

Nach Neujahr

So wunderbar leer ist die Stadt,
ein jeder wohl hat,
was er wollte und braucht.
Und Urlaub ist auch
für viele, die wirken im städtischen Treiben.
Geschlossen heut bleiben Geschäfte, Cafés
und werfen zurück
mich zum Glück
auf mich selbst,
spazierend im Stadtbild
voll Freiheit so schön.

Häuserschweigen

Die Häuser sehn so schweigsam aus
und wollen viel erzählen,
sie blicken stumm ins Weite raus,
weil Hörende noch fehlen.
Von Regens Mantel still umhüllt
sind sie zu warten wohl gewillt,
bis regsam' Frühling werde.

Inseln im Alltag

12 Uhr

Glockengeläut,
bleierner Klang,
den Alltag durchdringend,

in Fülle bereitend
zum Lauschen

wie anderswo
wohl anderer Hall.

Das Unsagbare:
Ton geworden
im Wind.

Zeitspiel

„Zeit ist relativ",
sagte der Steeldrum-Spieler
und verschwamm
mit seiner Musik
zu einem Augenblick Ewigkeit.

Bach am Stadtrand

Bach murmelt leise
neben Verkehrsfluss von Alltagsströmen,
Bach flüstert weise
von anderer Welt,
sagenumwoben,
nimmt auf weite Reise
mein Innerstes mit,
fließend ganz leise,
beständig und weise
tief in mir
auch heute
so kraftvoll dahin.

Himmels Wasser

Der Himmel liegt in der Stadt
in jeder Pfütze,
im Park im Bach
und meine Seele
sich spiegelt
in Brunnens Geheimnis.
Wer schweigend sich einlässt,
spürt Tiefe im Fluss
und jeden Spiegel
als Eingangstor
zur Anderswelt.

Aussichtsplattform

Grad noch im Alltag und nun hier hoch oben,
bin ich der Welt nah und doch ihr enthoben.

Die Autos und Schiffe sind Miniaturen,
der Himmel ist weit und fern sind die Uhren.

Die Kreise dort unten: beschauliche Tische,
wo mancher sucht Pause, Erholung und Frische.

Das Leben der Stadt derweil weiter pulsiert,
mein Blick so viel findet und dann sich verliert.

Was grad noch schien wichtig, zur Freiheit entweicht.
So manches wird flüchtig
und alles, ja alles, ist friedvoll und leicht.

Bilderbuchglück

Fisch aus Wolken,
lautlos schwebend,
leicht und flauschig im Himmelblau.

Und Cafés,
ganz bunt von Menschen,
den Sonntag voll Frieden beschauend.

Bilderbuchglück,
festzuhalten in einer Tasse Frühling,
hervorzuholen jeden Morgen neu.

Mittendrin und weiter noch

Roter Ballon

Roter Ballon tänzelt davon,
lässt sich nicht fassen, treibt ganz gelassen
durch Straßen und Gassen, über Beton.

Roter Ballon lädt ein zum Spielen,
zu fernen Zielen,
die wir zuvor aus den Augen verlorn.

Roter Ballon ist nicht zu greifen,
will weiter schweifen,
tanzt mit den Träumen schon auf und davon.

Alle durstig

Der Säugling, am Fläschchen nuckelnd,
der Manager, am Kaffee nippend,
der Raucher, am Nebel naschend:
alle durstig
nach dem wohl,
was das Leben ist.

Schattenspiel oder: Platons Gruß

Sonne spielt mit tausend Schatten,
haushoch, in den Gassen.
Manchen Blick will sie gestatten,
doch ist nicht zu fassen.

Tausend Schatten spielen Fangen
mit dem Sonnenlicht.
Wenn sie es auch mal erlangen,
löschen sie's doch nicht.

Tausend Schatten können spielen
dank des Sonnenscheins.
Sehen wir sie auch als viele,
ist das Licht doch eins.

Stadtansicht

Majestätisch thronen
vorm dunklen Firmament
altehrwürdig' Formen
gotisch höchster Pracht.
Davor: Bunte Häuser,
auf Brückenbögen wohnend,
tanzen im Fluss heut, farbenfreudig,
umspült von Augenblicks Leichtigkeit
und meiner Seele Überschwang.

Stadtvergnügt

Stadtvergnügt geh ich spazieren,
stadtvergnügt durch quirlig' Welt,
stadtvergnügt will ich probieren,
wo es meinem Sinn gefällt.

Stadtvergnügt in Neugier treibend
such ich viele Ziele aus,
hier und da mal stehen bleibend,
weiter laufend gradheraus,

stadtvergnügt durch Menschenmengen,
stadtvergnügt im Eiscafé,
stadtvergnügt in Kaufhausengen,
stadtvergnügt ich Neues seh,

stadtvergnügt in allem schwelgend,
stadtvergnügt ganz ohne Rast,
stadtvergnügt mich selbst verschwendend,
Stadtvergnügtheit wird zur Last.

Stadtbetrübt flanier ich weiter,
stadtbetrübt ganz ohne Ziel,
stadtbetrübt und gar nicht heiter
weiß ich wohl, es ist zu viel,
stadtbetrübt und ungeübt.

Stadtvergnügt kann ich nur bleiben,
wenn ich einen Rastplatz find,
oasengrün im bunten Treiben,
wo Ruhe und Besinnung sind.

Stadtvergnügt find diesen Platz ich,
fern vom Trubel, baumbegrünt.
Stadtvergnügt genieß den Schatz ich,
der mir da zu Füßen liegt,

seh die Stadt aus froher Ferne,
die mir ganz und gar genügt,
kehr zurück dann schließlich gerne,
schlendernd in ihr stadtvergnügt.

Erinnerung

An der Straßenecke
sitzt noch die Trauer
von vor einem Jahr
und Hoffnung geht
im Restaurant spazieren.
Die Dankbarkeit
weht durch die Gassen,
lugt lächelnd aus den Fenstern raus
und Zukunft,
Zukunft liegt in jedem Schritt.

Meine Stadt

Meine Stadt kennt tausend Farben,
tausend Formen auch von Glück,
trägt stolze Blumen auf manch' Narben,
lenkt Blicke vor und dankbar auch zurück.

Meine Stadt hat viel' Gesichter,
ihre Lichter strahlen hell,
doch nicht zu grell,
und wenn ich darin spaziere,
froh flaniere, träum ich schnell.

Meine Stadt steht mir vollkommen
vor den Augen und im Sinn,
hab der Seele Ruf vernommen,
die mir sagt, wo ganz ich bin
und wohin die Wege meiner Stadt
mich letztlich führen wollen.

Durchwandernd

Die Stadt mit ihren tausend Ecken
so oft durchwandert und trotzdem
so viel' Details sich dort verstecken,
dass du sie hast noch nie gesehn:

Das Dreiecksfenster im Giebel hoch oben,
die bunte Fratze an der Wand,
Balkongeländer zum Kunstwerk erhoben,
im stillen Gärtlein leuchtend' Band.

Durchs Leben bist du lang schon wandernd
und hast es doch noch kaum gesehn,
kannst weiter gehn und auch mäandern
und immer mehr, noch mehr verstehn.

Oasen

Der Garten in der Stadt

Im Laufen der Stadt,
im Kaufen der Stadt,
im Eilen und Gehen,
Details-kaum-noch-Sehen,
im Alltag der Stadt
ein Garten geht auf
vor meinem Blick
und alles wird neu
im lebendig wuchernden Grün
mit liebevollem Dekor
und hundertfachen Blühn
auf kleinstem Raum Erde,
so schön,
dass mein Herz wünscht,
was immer auch werde,
dem Garten gleich
mög in Blüte es stehn.

Im Stadtpark

Wasser fällt in sanftem Schleier
   aus Springbrunnenschalen,
Musiker spielt seichte
   Akkordeonmelodie,
Bäume stehn leise
   in hellem Grün.

Wasser tost in dicken Tropfen
   winddurchwoben nieder,
Musiker wirft schnelle Lieder,
Bäume schaun weise,
   sattes Grün.

Wasserkaskaden in stetigen Tropfen,
Musikers Rhythmen klopfen,
Bäume blühn
   leise.

Leben läuft.

Pointillismus im Park

Pointillismus im Park:
Ginkgo streckt erhaben seine Blätter.
Wolkenkulisse zieht flockig vorbei.
Gesamtbild: idyllisch.
Noch mehr wohl
von höherer Warte betrachtet.

Wegbegleiter

Ich komme nicht umhin
den Ginkgo zu besehen,
voll Fächerblätter, dreiecksrund,
die leis im Winde wehen.

Du Wesen aus ganz andrer Welt,
mein Seelenfreund, Begleiter,
an meinen Wegesrand gestellt,
lenkst stets den Blick mir weiter

durch dichtes Grün zum Innren hin,
zu Leichtigkeit und neuem Sinn,
lebendig, weise, heiter.
Ich seh dich an und neu ich bin,
geh frohen Herzens weiter.

Marktglück

Am Marktplatz

Von wochenend-hungrigen Füßen
dem Marktplatz entgegen getragen
mein Herz fängt die Stadt an zu grüßen,
taucht ein in ganz andere Welt

mit leichter Brise fein-süßer Gewürze,
daneben gelb-knarzigem Käseduft,
tief-dunklem Aroma von stolzem Kaffee,
ein blumiger Hauch um sonnige Früchte,
in frisch-herben Kräutern der Süden mich ruft,
dazwischen Gegrilltes, ein stets neues Fest
und über den Stimmen Musik in der Luft,
ein Groove, der im Trubel von Einklang erzählt,

Stück prall-buntes Leben, zu greifen
jetzt hier auf dem Marktplatz
im Zentrum der Welt.

Marktkosmos

Im Herzen der Stadt:
ein Marktplatz Geschichte,
erzählend und plaudernd
die bunten Markisen
und unter den Dächern:
die Welt hier zu Gast,

die große, die kleine,
die meine und deine,
wo ganz Regionales
zu weltoffen passt.

Der Marktplatz:
ein Kosmos,
so quirlig beschaulich
und weit und vertraulich,
in dem jeder findet
genau, was er braucht,
die Welt sich verbindet
und mich mit ihr auch.

Am Marktplatz Mensch

Auf dem alten Marktplatz
im Herzen des städtischen Sturms
gehen die Uhren anders
unter grünend' Kastanien
und froh-bunt gestreiften Marktstandmarkisen,

da ist man Mensch, so ganz und gar,
und lebt im Jetzt,
ganz gleich, was morgen kommt,
wer sonst man ist
und was auch gestern war,

hier ist man selbst, ganz einfach nur,
bestaunend Waren,
schmeckend Düfte,
dankbar schöpfend aus den Gaben
der beschenkenden Natur.

Samstags

In meiner Tasche:
die Farben des Marktes
und der Geschmack von Wochenende.

Marktleuchten

Stadt im Nebel, grau und trüb,
von Alltagsdunst verhangen.
Am Marktplatz: Farbspiel, still-vergnügt,
will müden Blick empfangen
mit offener Schatzkiste aus der Natur.

Ich folge der Spur
aus traumleuchtend' Trauben von Grün, Violett,
aus Sommers Vertrauen in Paprikarot
von jeder Schattierung, auch Kürbiswarmgold,
das mitten ins Graue die Herbstsonne holt.

Im Dunste der Stadt noch, verhangen und trüb,
scheint inneres Licht mir gradwegs ins Gemüt.

Marktspaziergang im Stile van Goghs

Ich ging in einem Gemälde spazieren,
Samstagmorgen, Novembermarkt.
Die Menschen: pastose, leuchtende Farben,
verschwimmend dahinter der blassgraue Tag,

sich spiegelnd im Duktus grün-weißer Markisen
gepunktetes Herbstlaub und Weinberg-Rotgold
und Marktplatzes Dächer, ganz fein ziselierte,
erwidernd grobliniges Fachwerkgebälk,

ein wolkiger Himmel: bewegte Idylle,
verstrudelt mit Menschenwerks gotischer Zier,
grandioses Gemälde vom Augenblick Fülle,
so unschätzbar wertvoll. Ich trag es in mir.

Bergblick

Ausblick Weinberg

Samtene Sonnenstrahlen,
im Weinberg hängend,
zu sehen am Fluchtpunkt
der Häusergeraden,
mir flüstern voller Herzlichkeit:
„Die Welt ist größer noch und weit."

Weinbergblick

Der Alltag:
am Horizont geborgen.
Und vor mir:
die Spielzeughäuser meiner Stadt,
beschaulich und zum Greifen weit.
Die Welt liegt mir zu Füßen
und ich mir selbst:
so nah wie selten nur,
auf Pfaden, die zum Himmel führen,
in weltlich sattes Grün gekleidet.
Verloren geh ich nicht
auf fernen Wegen Einsamkeit,
ganz mitten im Leben
in Freiheit spazierend.

Über der Stadt

Hier oben gehen die Uhren anders,
wie fast überall
jenseits des Alltags.

Auf der Höhe

Ich habe den höchsten Punkt erklommen.
Nicht wirklich den höchsten,
den schönsten, den besten, den superlativsten,
sondern meinen persönlichen von heute,
jenen, welchen die Sonne noch erreicht
mit ihren belebenden Strahlen
und an dem ich mich freuen kann
über mein Sein.

Weinbergs Herbstgruß

Der Weinberg lugt neckisch im herbstlich' Gewand
bunt leuchtend ins Enge der Stadt
und grüßt jeden Blick, der ihn freudig erkannt
als jenen, der strahlt voller Glück.

Der Weinberg mir leuchtet so schelmisch-galant
dort hinter der Enge der Stadt,
spielt freudig in Farben, die ich nicht gekannt,
da grüß ich erfüllt ihn zurück.

Durch Jahrhunderte hindurch

Stadtsteine

Steine,
auf denen die Stadt ich durchwandre,
Steine,
mir pflasternd und ebnend den Weg,
Steine,
ganz helle und dunkle und andre,
Steine,
in Mustern mir bahnend den Steg.

Steine an Brücken,
als Bogen sie stützend,
Steine, erhoben
zur Burgmauer, schützend,

Steine, natürlich,
und Steine, behauen,
Steine, ganz zierlich
um Kunstwerk' zu bauen,

Steine der Gotik,
zur Kirche gewunden,
Steine, so mutig
zu Neuem erfunden,

Steine als Hauswand,
ob große, ob kleine,
schmückende Stücke,
Gesamtwerk, alleine,
tragende, hebende,
handfeste Steine,
nach oben auch strebende,
schwebend, ganz feine.

Häuserschau

Die Häuser schaun so glücklich drein,
im Fachwerk, bunt verziert,
die Häuser nehmen mich hinein,
wo sich mein Blick verliert

in Formen, Mustern alter Zeit,
in Strenge und Behaglichkeit,
jahrhundertedurchwebt.

Die Häuser schaun gelassen drein
und reden still von Zeit und Sein;
die Stadt, im Herzen, lebt.

Stadtschichten

Schicht um Schicht
Geschichte,
geschichtet
im Zentrum der Stadt,
dicht an dicht
errichtet

das damals höchst Moderne
gleich neben neustem Traum,
ganz nah das greifbar Ferne,
durchdringbar, fassbar kaum.

Die Stadt erzählt Geschichten,
die Zeiten gehen hin,
sie löschen, neu errichten
und heute hier ich bin,

spazierend weiter bauend
am Zukunftslabyrinth
und meinen Wegen trauend,
so neu sie jetzt auch sind.

Giebelfarben

Häuser grüßen aus bunten Giebeln,
wiegen sich leise im Strome der Zeit.
Häuser grüßen verständig und weise,
in Fachwerkes Enge das Herz wird mir weit.

Jahrhunderte schlendern so vieles verändernd
an Holzes Streben und Werden vorbei.
Hörend und leise führt meine Reise
durch niedrige Gänge zum Himmel hoch frei,

grüßt von dort oben die farbigen Ziegel
und bunt leuchtend' Giebel, jahrhundertgebeugt,
führt in die Altstadt zurück voller Liebe
für das, was im Heute an Vielfalt sich zeigt.

Neu in der Stadt

Trance-Trommeln

Trommel-Takt tanzt durch den Park,
Trommel-Takt, rhythmisch und stark,
Trommeln, betörend,
Trommeln, beschwörend,
sie trommeln im Rhythmus im Park
und takten den Blick
zu Bäumen und Grün,
nur vor, nicht zurück,
sie lassen mich sehn
weiter und weiter ins Grün mit dem Takt,
vom Rhythmus gepackt
ich flieg zu der Äste und Zweige Struktur,
tiefer und tiefer in Mutter Natur,
Trommel-Takt-Grün,
Trommel-Takt-Glühn,
tiefer und weit,
Stillstand der Zeit
lässt trommelnd das Innre der Bäume mich sehn.

Falafel im Park

Unter Eichen und Buchen:

Falafelgenuss,
granatapfelfruchtig minzeverziert,
Mosaik frischer Sinne Gemütlichkeit,

der Orient bei uns
nicht Gast, sondern heimisch
in lachenden Augen Herzenswärme

und Kunstwerk aus tausend Aromen,
zerstäubend wie spielend im Wind
mit Lautenmusik

und tanzenden Rhythmen Lebendigkeit
gleich von der Parkbank nebenan,
jetzt aufgehend in mir
als Glück

unter Buchen und Eichen.

Esslinger Gedichte

Esslingen, märchenhaft

Esslingen:
Aufwachen in einem Traum
aus Märchenwirklichkeit,
von Schreibers Hand
tausendfach kopiert
und exportiert
in Kindheitsfantasien,

alltäglich neues Märchenland
mit farbigen Häusern,
kontrastreich, verspielt,
und neben dem Fachwerk
manch' schiefergeschuppte Fassaden,
fröhlich-leuchtend' Fensterladen,
dazwischen bunte Blumen blühn.

Unfassbare Stadt, mich täglich einladend
zu neuem Entdecken
vor grüner Kulisse an Weinberges Fuß,
wo St. Dionys' ungleiche Türme
alte Geschichten neu mir erzählen
und stolze Burg lächelt
von oben zum Gruß.

Zerstreuung

Esslingen, du schöne Stadt,
zerstreust meine Gedanken,
wenn nach dem Tag, von Arbeit satt,
sie unstet in mir wanken.

Spaziernd durch Mittelalter-Gassen,
heimelige Einkaufsstraßen
vergess ich schnell, was sonst noch ist.
Mit deinen bunten Hausfassaden,
schmuckem Fachwerk, Balustraden
nur du für mich jetzt wichtig bist.

Ein Platz am Wasser, zwischen Grün,
lädt mich ein, wo Blumen blühn,
mit Blicken auf das städtisch' Treiben,
wo Worte fliegen, Leben spielt,
Verstand vergisst, was grad ihn hielt,
und einfach ich will weilend bleiben.

Im Herzen sitz ich glücklich, still,
und hör und seh so vielerlei
und was ich will
und bin ganz frei.

Maille-Park

Es gibt einen Ort,
der liegt jenseits der Zeit
und doch ganz im Herzen der Stadt;
die Bäume, so weise, wie seit Ewigkeit,
voll Kraft und Ruhe stehn dort.

Es kommen tagtäglich Menschen her,
um einfach nur zu sein,
wo jeder seine Freiheit hat,
in Frieden Groß und Klein,
wo leicht wird, was gerad' noch schwer.

Ein Ball fliegt hoch, hält an die Zeit,
die Bäume rauschen leise
und Leben schwingt in jedem Blatt;
auf ganz vertraute Weise
ist's Alltagsglück und Seligkeit.

Stadtseele

Wie könnte ich nicht
mich ärgern
über das Einkaufsgedränge
und grellen Trubel und Kakophonie,
über die Platznot, die Autos, die Enge,
das Graue, das Laute und Monotonie?

Und wie könnt' ich nicht
dich trotzdem so lieben,
du bunt strömend' Stadt mit Herz Fantasie,
wo zwischen den Häusern, an Wasser und Grün,
das Leben und neue Ideen erblühn,
Geschichten und Zukunft zum Ganzen sich weben,
wo jeder Spaziergang ein Fest für mich ist?

Und wie könnt' ich nicht
dich, meine Seele,
von Herzen so mögen, genau wie du bist?

Epilog

Stadtein,
stadtaus
wandert mein Blick
und wieder zurück,
gesättigt von Eindruck,
zu dem hin, was wichtig
in mir heute ist.